AF230836

48
Lb. 1735.

(Par Vict.-L.-S. Anglivicl de
La Beaumelle, d'après Barbier.)

LETTRES

SUR DIVERS SUJETS DE POLITIQUE

ET DE MORALE,

ADRESSÉES

A M. CLAUSEL DE COUSSERGUES,

Membre de la Chambre des Députés, Conseiller à la Cour de Cassation, Chevalier des ordres royaux de St.-Louis et de la Légion d'Honneur.

Par A. L. B.

A PARIS,

Chez BRISSOT-THIVARS, à la Librairie Constitutionnelle, rue Neuve des Petits-Champs, n°. 22;

Et chez les Marchands de Nouveautés.

———

1820.

LETTRES

A M. CLAUSEL DE COUSSERGUES.

PREMIÈRE LETTRE.

Sur la proposition d'accusation contre M. le Duc Decazes.

Paris, 29 août 1820.

Monsieur,

En votre qualité de membre de la Chambre des Députés, vous avez, le 14 février dernier, demandé la mise en accusation de M. Decazes. On a vainement attendu pendant toute la session le développement de cette proposition. Vous avez mieux aimé la laisser périmer par la clôture de la Chambre. Cette conduite pouvait être raisonnable ; aussi ceux qui n'avaient pas l'honneur de vous connaître, ont-ils été surpris lorsque, pendant l'intervalle des sessions, vous avez publié le volume intitulé : *Projet de la proposition d'accusation contre M. le duc Decazes ;* que vous êtes ainsi descendu volontairement de la tribune ; que vous avez renoncé au poids que le caractère dont vous êtes revêtu donnait à vos inculpations ; que vous êtes enfin, comme vous le dites vous-même, redevenu un simple citoyen pour accuser l'ex-ministre ; on a été étonné de vous voir vous ranger spontanément dans la catégorie des libellistes; non que je veuille prétendre que votre ouvrage soit un libelle ; ce serait une injure, et on ne peut point en dire à un homme d'un âge avancé, à un magistrat, surtout quand il a publié une opinion sur le duel; mais on qualifiait généralement ainsi l'ouvrage d'un citoyen comme vous, qui vous a précédé dans la carrière, qui a fourni un acte d'accusation contre M. Élie Decazes, et qui, à l'avantage de la primauté de l'invention, joint encore celui d'avoir publié son pamphlet dans le tems de la plus grande puissance de celui qu'il attaquait, tandis que votre volume ne paraît qu'après sa chûte.

Vous projetez, Monsieur, de développer votre proposition dans la session prochaine. C'est très-bien ; mais cette conduite est-elle sage, constitutionnellement parlant ? Il y a des chances pour que la Chambre soit dissoute, puisque cela ne dépend que du bon plaisir du Roi ; il y en a pour que vous ne soyez pas réélu, puisque cela dépend du bon plaisir des électeurs ; or, si vous croyez votre accusation fondée, était-il de votre devoir de l'abandonner ainsi sans être sûr qu'elle fût reprise, et n'avez-vous pas craint les suites de l'effrayante responsabilité morale que ferait peser sur vous la non-application de la loi à faire, sur la responsabilité physique des ministres?

Vous avez préféré la voie de la publication, dans l'intervalle des sessions, afin, dites-vous, de mettre votre accusation sous les yeux de la France pendant quatre mois, au lieu de l'exposer à être étouffée dans un quart d'heure à la tribune, au milieu du tumulte et des cris : j'oserai vous faire observer, Monsieur, que, quelque séduisant que puisse être votre débit, il est au moins probable que la lecture de vos cent-trente-six pages mettrait l'assemblée la mieux disposée, dans une égale impossibilité de murmurer et d'applaudir, de crier et même de se mouvoir. On ne peut, au reste, que vous louer d'avoir aussi soigneusement évité l'emploi de l'éloquence; c'était le devoir d'un accusateur consciencieux, cela prouve que vous n'en voulez qu'à la raison de vos lecteurs, et que si vous cédez à la passion, du moins vous ne voulez pas exalter les passions des autres.

Quoiqu'il en soit, si vous eussiez écrit comme député, j'aurais pu m'occuper de votre livre et examiner l'accusation de M. Decazes, avec autant de fondement, et peut-être avec plus de succès

que je ne répondis en 1792 à l'acte d'accusation de M. de Lessart, dans une brochure peu
connue alors, et oubliée complétement aujour-
d'hui de tout le monde, excepté de moi ; mais
je n'aurais pas osé m'adresser directement à l'accusateur, j'aurais cru attenter aux droits de vos
collègues : maintenant vous êtes descendu à mon
niveau, et vous ne pouvez trouver mauvais,
monsieur le Citoyen, que, citoyen comme vous,
je m'adresse directement à vous.

M. le comte de Saint-Aulaire, à la tribune de
la Chambre des Députés, après votre accusation
réelle, M. le comte d'Argout, à la tribune de l'o-
pinion depuis la publication de votre accusation
en projet, ont commencé à vous réfuter : le Mo-
niteur même, d'après le journal de Paris, vous
a répondu autant qu'on devait le faire. J'en suis
convaincu, car je crois tout ce que dit le journal
de Paris depuis qu'il est censuré ; mais si votre
accusation n'a pas besoin de mes lettres pour être
détruite, j'ai besoin, moi, de la détruire pour
écrire mes lettres. D'ailleurs il me paraît que vous
en avez dit plus peut-être que vous ne pensez,
et je veux suivre non-seulement vos raisonnemens, mais encore leurs conséquences : aussi
aurai-je quelquefois le plaisir de me livrer à des
digressions. Vous ne pouvez m'en vouloir, car,
à le bien prendre, votre livre est une digression

continuelle ; vous parlez de M. Decazes à propos de tout, vous ne trouverez pas mauvais que je parle de tout à propos de M. Decazes.

Vous vous êtes récrié contre l'imputation de calomniateur que vous a adressée M. de Saint-Aulaire, et qui a été depuis répétée en France par beaucoup de monde. Je crois que vous êtes fondé. Non, Monsieur, vous n'êtes point un calomniateur. D'abord ce titre suppose de la mauvaise foi, et il me semble avéré que vous êtes dans une situation d'esprit telle que vous avez eu véritablement les pensées que vous énoncez. Ensuite, s'il est évident que dans votre accusation il y a une grande calomnie, dont vous avez donné la monnaie dans les vingt-trois calomnies moyennes qui forment vos vingt-trois chefs d'accusation, il ne l'est pas moins que des actes isolés prouvent tout au plus que vous avez été calomniateur dans tel tems et en tel lieu ; mais pour être un calomniateur, il faudrait que ce fût l'habitude de votre vie entière. C'est ainsi que, quoique l'on ait fait quelques bonnes actions, on peut ne pas être un honnête homme, et qu'il ne suffit pas d'avoir concouru à plusieurs jugemens sages pour être un juge capable.

Je le répète, Monsieur, je vous crois de très-bonne foi. Vous êtes affecté d'une idée dominante, qui vous obsède, qui vous fait voir M. Decazes dans tout ce qui vous a déplu, dans tout ce qui vous a blessé. Des personnes qui sont dans cette situation d'esprit, se servent de la logique de tout le monde lorsqu'il ne s'agit point de ce qui les occupe ; mais aussitôt que leur idée fon-damentale se présente, elle se saisit de toutes leurs facultés, influe sur tous leurs raisonnemens et leur donne une dialectique absolument diffé-rente de celle des autres hommes. Aussi, là même où M. d'Argout a cru trouver des preuves de mauvaise foi, je trouve les symptômes d'une bonne foi, d'une naïveté parfaite.

Par exemple, vous nous dites (pag. 7) qu'une maxime de notre ancien droit public est que le roi ne peut opiner au procès d'un de ses sujets ; il me semble, comme à tout le monde, que cette maxime est très-moderne, et que, depuis Clovis jusques à Henri IV, il était de droit public que les rois fus-sent les premiers juges de leurs sujets, et l'usage de rendre la justice en leur nom, en est une preuve évidente, sans aller en chercher d'autres dans la Bible ou dans l'Iliade.

Vous nous dites (pag. 23) que le fait que les Députés de 1815 furent à leur retour reçus en triomphe dans leur pays, suffisait *pour éclairer le Roi sur les vrais sentimens de son peuple*, et plus loin (pag. 29) vous faites un crime positif à M. Decazes d'avoir empêché l'insertion aux journaux des adresses faites aux mêmes députés par des conseils de départemens et de communes. Vous appelez cela *étouffer la voix publique*. Assurément, lorsque vous avez écrit ces paroles, vous étiez étrangement préoccupé ; car si les acclamations, les adresses, les sérénades et même les charivaris sont, comme vous le prétendez, la voix publique et l'expression des vrais sentimens du peuple, vous et vos amis, M. de Coussergues, ne pourriez guère vous flatter d'être les organes de la nation.

Vous affirmez (pag. 23) que les départemens voisins du Rhône devaient être surveillés avec plus de soin par M. Decazes, parce que c'était auprès de ces départemens que Joseph Bonaparte s'était établi avec ses trésors : il est clair que vous avez imaginé, ou bien que le tems de la première restauration était le même que celui de la seconde, ou bien que New-York était dans le pays de Vaud, ou bien enfin que la république des États-Unis, où Joseph s'est retiré depuis la seconde restauration, étant une république fédérative, comme les cantons Suisses, où il s'était établi pendant la première, elle devait, par cela même, se trouver à une égale distance de Lyon. Ce n'est pas de mauvaise foi que l'on fait des erreurs de cette force.

Lorsque, pour démontrer que la France désapprouva l'ordonnance du 5 septembre, vous rappelez (pag. 37) que trente-deux départemens réélurent les mêmes députés, et que seize en réélurent une partie, vous avez imaginé encore et vous voulez que vos lecteurs imaginent que les quatre-vingt-douze députés qui rentrèrent en 1818, fesaient tous partie de la majorité de la Chambre dissoute ; il est évident qu'ici votre manière particulière de raisonner a dérangé votre mémoire.

Vous vous alarmez (pag. 92) de la nomination du général Sébastiani, parce que, dites-vous, il passe pour allié de Bonaparte : je ne sais ce que cela veut dire ; et vous ne vous effrayez pas moins de celle de M. Ramolino, qui est parent de la mère de Napoléon. Là-dessus vous entrez dans de grands détails sur les craintes que doivent inspirer les individus des dynasties qui ont cessé de régner, absolument comme si vous comptiez M. Ramolino au nombre des prétendans à la couronne de France. Si l'on pouvait écrire en dormant, en vérité l'on croirait que c'est un rêve ; et je ne sais pas ce que c'est en termes de barreau qu'avoir de telles idées quand on est éveillé.

Je ne dois pas moins saisir l'occasion de vous féliciter, Monsieur, d'avoir conservé cette vivacité d'imagination que tant d'hommes perdent avant même leur adolescence, et de l'avoir conservée dans un âge très-mûr, quoiqu'encore éloigné de celui où ce retour ne serait plus un prodige.

Nos idéologues, dont vous ne faites probablement pas grand cas, ont prétendu qu'en général la volonté était dirigée par le jugement. Ils se trompent en cela, comme en mainte autre chose; c'est la volonté qui dirige le jugement, et votre ouvrage en est une puissante preuve et un magnifique exemple. Vous vous êtes dit : Il faut que j'accuse M. Decazes; et sur l'ordre de votre volonté, votre jugement a complaisamment conclu à l'accusation sur tous les renseignemens que lui ont fournis votre mémoire et votre imagination. Faits relatifs à M. Decazes, faits qui lui sont étrangers; faits imaginaires, tout a été employé à édifier l'accusation : mais il faut beaucoup d'habileté dans l'architecte pour remédier à la faiblesse des matériaux.

Lorsque je dis que votre accusation a été le principe et non le résultat de vos raisonnemens, ce n'est pas que je vous soupçonne de haine contre l'ex-ministre; vous affirmez le contraire, et cela me suffit. D'ailleurs, d'après vos opinions précédentes, ou ce qu'en argot de tribune on appellerait vos précédens, chacun sait bien que pour vous déterminer à un vote que Barrère de Vieuzac aurait appelé *acerbe* par euphémisme,

vous n'avez pas besoin d'être inspiré par la haine.
Vous ne les haïssiez assurément pas, ces individus qui n'étaient pas condamnés encore, que
vous ne connaissiez nullement, lorsque, pour les
faire expirer de misère, vous prêchiez la con-
fiscation sous le titre radouci d'amendes. Ce n'é-
tait pas que vous eussiez de la haine pour les
Espagnols réfugiés, si vous vouliez faire sup-
primer le modique secours qu'ils recevaient : c'é-
tait simplement par économie, et pour savoir aussi
ce que deviendraient des hommes, des femmes
et des enfans qui n'auraient pu entrer en Espagne
sans périr sur l'échafaud, ni rester en France
sans mourir de faim. Ce n'est point non plus la
haine qui vous dirige quand vous accusez l'ex-
ministre d'avoir fait accorder trop de lettres de
grâces. Vous ne haïssez pas les graciés, mais vous
avez éprouvé une sensation désagréable en apprenant qu'ils ne souffraient plus. Feu Perrin
Dandin ne haïssait pas ceux à qui il faisait donner
la question ; mais,

Cela faisait toujours passer une heure ou deux.

C'est assez parler de la disposition d'esprit dans
laquelle vous avez eu le malheur de composer
votre livre. Je m'occuperai maintenant, si vous
le permettez, de son but. Je me trompe ; on ne
peut dire le but d'un ouvrage que quand il est

le même que le but de son auteur ; mais ici ce sont deux choses entièrement différentes. Votre but est principalement de conduire M. Decazes à l'échafaud, et accessoirement, comme l'ont remarqué MM. d'Argout et d'Arnouville, d'attaquer tout ce qu'il y a en France d'hommes, d'opinions, d'institutions, de sentimens libéraux ou sentant le libéralisme. Mais la tendance réelle est bien autre chose. Ce qui est vraiment important dans votre prose, vous l'avez fait, je crois, sans le savoir ; car je crois fermement que si vous saviez où vous allez, vous reculeriez d'effroi.

Tout le monde était-il dans la même ignorance que vous ? ou bien ceux qui vous ont fait agir avaient-ils des vues plus étendues que les vôtres ? C'est ce que j'ignore, et ce que vous-même ne pouvez éclaircir. Les hommes à passions violentes peuvent être, dans les mains de ceux qui ont la tête froide, comme le furet dans la boîte du chasseur. Le pauvre animal croit innocemment qu'il va étrangler le lapin, parce qu'il a du plaisir à boire du sang, tandis qu'il n'est que l'agent d'une intelligence supérieure qui veut dîner de la victime.

Vous n'attaquez spécialement qu'un seul ministre ; mais dans le fait vos coups portent sur un grand nombre de ces fonctionnaires. Jusqu'à quel point la responsabilité de M. Decazes et de ses collègues est-elle compromise dans les faits que vous dénoncez? C'est ce que j'examinerai dans d'autres lettres, qui suivront celle-ci. Mais avant d'entamer cette question, voyons sur qui porte votre attaque. Depuis la seconde restauration, il y a eu cinq ministères, que je désignerai par le nom du président du conseil : ceux de MM. le prince de Talleyrand, le duc de Richelieu, le marquis Dessoles, le comte Decazes, et une seconde fois le duc de Richelieu. Le premier seul a été renouvelé en entier ; ce n'était pas qu'il fût plus uni, puisque vous nous dites vous-même qu'un grand nombre de ses membres désavouait les œuvres du duc d'Otrante. Dans les quatre ministères qui ont suivi celui-là, il n'y a eu que deux, trois ou quatre ministres de changés à chaque fois. Voilà les faits.

Maintenant choisissez. Si vous croyez à la solidarité du ministère, à son unité nécessaire, habit anglais qui ne paraît pas encore devoir aller à notre taille, c'est contre tous les collègues de M. Decazes que vous dirigez votre accusation, et M. de Richelieu, M. Lainé, M. Dessoles, etc., doivent être accusés en même tems que lui. Vous n'admettez pas en apparence cette hypothèse, qui d'ailleurs est absolument gratuite. Il y a toujours eu des divisions dans le ministère de France, ou du moins il y a toujours eu de quoi en faire, et si le bruit se répandait aujourd'hui que le ministère actuel se partage, chacun devinerait sans se tromper quels seraient ceux qui se trouveraient de chaque côté.

Les ministres sont donc responsables de leurs faits. Alors comment accusez-vous M. Decazes d'un fait qui est celui de MM. de Richelieu et Lainé, ou d'un autre qui est l'œuvre de M. Dessoles ? C'est supposer ou qu'ils sont des imbécilles qui se sont laissés tromper par leur collègue, ou des lâches qui lui ont vendu leur soumission. Les talens que ces éminens personnages ont montrés dans le ministère, dans les chambres et ailleurs, repoussent la première supposition. Le courage avec lequel ils se sont séparés de M. Decazes, quand ils ont cru qu'il s'égarait, dément assez la seconde.

Ainsi, Monsieur, toute la bienveillance que vous avez eue pour eux est perdue ; en vain vous avez voulu, dans l'expansion d'une générosité touchante, les faire passer pour des hommes faibles ou incapables ; malgré cet acte recommandable de votre noble bienveillance, ils sont et demeurent responsables de ce qu'ils ont fait.

De sorte que, malgré vous, vous accusez dans votre ouvrage :

M. Dambrai, pour avoir signé l'ordre, envoyé à Grenoble, de fusiller les condamnés qui ne feraient pas de révélations; par la même dépêche, fut envoyé par M. Decazes, l'ordre au préfet de ne point faire démolir les maisons des coupables;

M. de Richelieu, pour l'ordonnance du 5 septembre;

M. le maréchal Gouvion-Saint-Cyr, pour la mise en non-activité des généraux Canuel et Donnadieu; vous dites que M. Decazes les fit destituer: il n'est pas sûr que M. le maréchal soit de ces hommes à qui il est aisé de faire faire quelque chose qu'ils ne croient pas juste;

M. Dessoles, pour avoir augmenté le nombre des pairs;

M. Lainé, pour avoir changé les attributions du commandant-général de la garde nationale;

M. Pasquier, pour avoir signé des lettres de grâce et de sursis;

M. de Serres, tout au moins pour le même délit.

Voilà, de compte fait, sept accusations inévitables dans votre système, et ce, sans compter celle de M. Anglès, préfet de police; de M. Bellart, procureur-général, qui a poursuivi les prévenus de la conspiration du bord de l'eau; de M. d'Argout, ancien préfet du Gard, etc., etc.

Vous tâchez, il est vrai, de justifier ou de disculper à votre manière tous les ministres que vous accusez indirectement; mais, comme nous l'avons vu, vos excuses sont très-faibles, pour ne pas dire moins encore. Voici donc quel doit être le premier résultat de votre ouvrage ; quel est le but, non pas dans lequel vous l'avez fait, mais dans lequel on vous l'a fait faire ; c'est que les ministres, qui ont été collègues de M. Decazes, ont pris comme lui part à ce système de gouvernement que vous appelez une conspiration, et qu'ils sont tous coupables comme lui. Je suis persuadé qu'il n'y en a pas un qui n'acceptât avec satisfaction cette solidarité, quelle que fût d'ailleurs son opinion politique. Mais, je vous le demande, Monsieur, ceux qui, d'après vous, croiront M. Decazes criminel de haute-trahison, que penseront-ils du ministère actuel, composé presqu'en entier de ses anciens collègues ?

J'ignore ce que vous en pensez vous-même ; mais il n'est pas moins vrai que tout homme que vous aurez persuadé, sera, par cela même, disposé à entrer dans toute manœuvre qui tendra à renverser le ministère actuel ; que pour prouver que le pouvoir est en mauvaises mains, votre ouvrage est une des meilleures lectures. Au reste, si j'emploie ici le système interprétatif comme un procureur du Roi, ce n'est pas que je vous croie en cela complice de votre ouvrage. Vous n'avez, en l'écrivant, fait attention qu'à la lettre, le reste vous était étranger. D'ailleurs, il n'y a point de délit à provoquer le changement d'un ministère, quand on n'emploie pas les moyens de *Thistle-wood*.

Ce n'est pas là tout : non-seulement vous atta-quez, dans votre ouvrage, des actes formels de M. Decazes, des faits isolés ; mais c'est surtout son système d'administration qui est l'objet de votre animadversion ; vous rattachez à cette idée géné-rale tous les faits particuliers, et cette idée géné-rale elle-même vous fournit ensuite à son tour des chefs d'accusation distincts. Voyons ce que c'est que ce système, à quoi conduit votre attaque et sur qui elle porte.

Les opinions qui divisent les hommes sont aussi différentes que ces hommes eux-mêmes ; elles varient à l'infini, et l'axiôme *tot capita tot sensus* est d'une vérité mathématique. Ainsi M. de la Bourdonnaie n'est pas royaliste pré-cisément comme M. de Salaberry. Il y a des nuances entre M. de Puymaurin et M. Benoît, entre M. Lainé et M. Bourdeau. Beaucoup de personnes s'accommoderaient du royalisme de M. de Villèle, qui ne se soucieraient nullement du vôtre. Aussi les noms des partis ne présentent-ils jamais de limites précises ; ils forment, surtout s'ils sont très-généraux, de grandes divisions mal tracées, mais dont on se sert faute de mieux, et qui, au moins pour les contemporains, ne remplissent pas mal leur objet.

Le système des ministères, dont M. Decazes a fait partie, a été d'agir dans les principes de ceux que l'on appelait patriotes en 1789, et libéraux en 1814. Ce parti formait la majorité à la chambre de 1814, la minorité à celle de 1815, la majorité à celle de 1816. Devenu plus nombreux à cette époque, il se partagea en sections, et le ministère s'unit à celle que l'on nommait centre gauche, que l'on a appelée aussi société *Ternaux*, et à laquelle appartenait les *doctrinaires*, autant qu'ils peuvent appartenir à autrui. Ce parti forme-t-il réellement la majorité en France? C'est une question à part : comme je me propose de m'occuper ailleurs de l'influence du ministère sur les élections et sur la votation, je ne parle ici que de l'imputation principale en elle-même, et sans examiner si elle est fondée, je continue à recueillir les faits.

Le premier ministère du Roi, depuis la seconde restauration, était dans les mêmes principes; les noms des ministres sont une preuve suffisante que c'était le but dans lequel ils étaient nommés, et la démission qu'ils donnèrent, en apprenant les élections de 1815, le prouve encore davantage.

Depuis la chute de M. Decazes, le ministère a paru, il est vrai, s'éloigner du centre de gauche, et les changemens inopportuns tout au moins qu'il a faits dans le Conseil d'État n'indiquent pas l'envie de s'en rapprocher. Cependant il garde encore des ménagemens, et malgré la désastreuse influence qu'il accorde à vos amis, il ne les satisfait pas entièrement. Quelques préfets nommés par M. Decazes ont été destitués ; mais la plupart de ceux qu'il avait écartés sont encore sur le pavé. Les nominations d'un grand nombre de maréchaux de camp commandans les départemens ont été favorables aux nouveaux généraux de l'ancienne France ; mais dans celles des inspecteurs-généraux on a vu briller pour la plupart les noms des vieux guerriers de la France nouvelle.

Dans l'hypothèse que cette tendance universelle, ce système général de l'administration, qui se maintient à peu près depuis cinq ans, n'appartient pas uniquement aux ministères dont M. Decazes a fait partie ; dans l'hypothèse que dans ces ministères, elle n'appartient pas à lui seul, avez-vous pu faire de cet objet la base de votre accusation ? Je crois que vous êtes tombé ici, involontairement sans doute, dans une grande erreur, tout au moins.

Ceux qui sont opposés au parti qu'embrasse le gouvernement doivent désirer qu'il en change. Les protestans en France seraient bien aises que le royaume entier embrassât la religion évangélique. Les catholiques anglais font des vœux opposés et analogues , et je trouve très-naturel que vous désiriez un ministère que je ne désirerais nullement ; que vous et vos amis augurassiez bien de celui dont vous feriez partie , et que toute la France en fût affligée comme d'un grand malheur. Mais il me semble que dans un gouvernement représentatif ce ne peut jamais être un grief d'accusation ; que les inculpations ne peuvent tomber que sur des faits isolés.

Vous me répondrez que quelle que soit l'irresponsabilité du Roi, base fondamentale d'un gouvernement libre ; ses ministres répondent de toutes les fautes commises en son nom, que la coulpe leur en appartient, et qu'ils ne peuvent jamais exciper pour se justifier des ordres positifs, de la volonté, ni même des actions du Roi. Aussi par une fiction de la loi, le monarque est censé impeccable, et dans tout ce qu'il peut faire de mal, il est supposé qu'il a été trompé par ses agens. Un souverain ne pouvant donc être légalement accusé, quelles que soient la nature ou les suites d'une accusation, la pénalité n'en portant jamais sur lui, il n'est rien dont on ne puisse au besoin accuser ses ministres.

Je discuterai , dans la lettre prochaine, la question de savoir s'il n'y a pas des actes, de leur nature irresponsables ; mais comme sans doute , quand vous avez dénoncé l'adoption de ce système, vous l'avez crue criminelle, je dois supposer un moment que vous êtes fondé, et je ne vous dirai alors que plus fortement que vous avez commis pis qu'une grande erreur.

Le Roi ne peut être accusé, il est vrai ; mais il peut être insulté, et c'est un délit que l'action qui tend à diminuer le respect des sujets pour le monarque que la Providence a commis pour être leur chef. Il n'y a point de pénalité dans les actions royales ; mais s'il y avait criminalité, ne serait-ce donc pas une peine, une peine terrible, pour un bon roi, de perdre l'amour et la considération de son peuple ? *Si le Roi le savait !* Voilà quel doit être le cri de tous ceux qu'oppriment les agens de l'autorité. Il ne faut donc jamais représenter comme sujette à une peine l'action de laquelle on ne peut pas dire : *le Roi l'ignorait.*

On peut tromper un homme, et un Roi comme un autre, ou plus qu'un autre. On peut surprendre sa religion par le faux exposé d'un fait : c'est la supposition constante de la loi ; mais on ne doit pas présenter des cas où cette supposition soit absurde.

Et l'on voudrait nous faire croire que cinq années du même système, commencé quand l'invasion durait encore, continué dans des circonstances différentes ; d'un système, suivi tour à tour par

cinq ministères différens, sont l'effet d'une séduction ! que, sur les seize ou dix-huit ministres qui
se sont succédés dans cet intervalle, M. Decazes
seul a été coupable de cette perfidie, et qu'il l'a
été avant même d'être ministre ! Et serait-ce un
imbécille de despote asiatique, confiné dans son
sérail, gardé à vue par ses esclaves, que l'on
croit victime de cette séduction ? Serait-ce un de
ces rois fainéans de la première race ? Serait-ce
un Charles VI ou un Georges III à la fin de son
règne ? Non ; le Roi est, comme individu, un
des hommes les plus éclairés de son royaume, et
qui a pris pour objet constant de ses études les
connaissances qui convenaient à sa noble voca-
tion ; c'est un monarque éprouvé par l'adversité,
unissant à un grand caractère, à une droiture
remarquable de jugement, une rare finesse d'esprit ; un homme tel enfin, qu'eût-il été simple
particulier, il lui aurait été à coup sûr bien plus
facile d'acquérir de l'empire sur M. Decazes,
qu'à M. Decazes d'en acquérir sur lui.

Nous l'avons vu dès la restauration ; après son
droit héréditaire et les circonstances, le Roi a
fondé son pouvoir sur le caractère libéral qu'il a
donné aux institutions. On avait abusé de la république ; Bonaparte se servit de ces abus pour
établir son pouvoir militaire. Il abusa à son tour
du despotisme, et le Roi s'est rallié l'opinion en

suivant une marche opposée à la sienne. Il n'y a eu de fait de la contre-révolution que ce que le gouvernement militaire a pu en faire. Tout a été libéral dans les intentions royales, et s'il y a eu des déviations, ce sont celles-là qui ont été le fruit de tromperies faites à S. M.

Et vous ne pouvez pas même supposer ici, comme on a pu le faire ailleurs, que c'est une coterie, une faction qui s'est emparée du Roi à son retour dans sa patrie, qui a rempli son palais et en a obsédé les avenues, qui l'a tenu constamment éloigné du monde réel, et environné de ténèbres. Outre que nos hommes de cour ne sont pas tels que cette obsession eût été possible, vous, Monsieur, qui avez émigré, vous devez savoir ce que tout le monde savait à Coblentz en 1792, qu'il y avait alors deux partis parmi les émigrés : que M. de Breteuil était non pas le chef, mais l'un des principaux agens de l'un ; M. de Calonne, de l'autre ; que le premier voulait établir en France une constitution libre, une chambre des pairs ; que le second voulait, sinon le rétablissement des trois ordres, déjà alors regardé comme impossible, du moins une chambre de noblesse élective. Vous n'avez pas ignoré que tous les émigrés, de quelque rang qu'ils fussent, étaient partagés entre ces deux opinions, et vous connaissez par conséquent de quelle époque datent les principes de gouvernement qu'a adoptés notre monarque chéri.

Je crois, Monsieur, que vous respectez le Roi, comme vous le dites, et autant que nous le devons tous. Je suis même convaincu que vous aimeriez presqu'autant renoncer à accuser M. Decazes, que faire quelque chose qui pût attenter à l'autorité de S. M. Et cependant voyez, d'après la direction que vous avez suivie, sans le savoir peut-être, voyez le résultat de votre manière de concevoir cette accusation. Je ne crois pas assurément, puisque la Cour royale de Paris a décidé le contraire, que le général Canuel ait conspiré pour ôter la couronne à notre Monarque ; mais s'il y avait des scélérats assez insensés pour vouloir commettre ce crime, leur manifeste serait tout entier dans votre ouvrage, il n'y aurait qu'à le rédiger.

Je suis persuadé, Monsieur, que vous verrez, comme moi, toutes les conséquences que vous n'avez pas encore aperçues, et que votre dévouement au Roi vous engagera à l'avenir à vous rallier à lui avec la franchise qui vous est naturelle. Je me croirais trop heureux si je pouvais attribuer à mes faibles efforts quelque partie dans ce retour.

Je ne veux point encore entrer dans le détail d'aucune des accusations que vous avez portées contre M. Decazes ; mais celle dont je viens de parler remontait plus haut, et c'est aussi plus haut que cet ancien ministre que s'élève notre reconnoissance. Sous le rapport du système du gouvernement, il a partagé avec un grand nombre de ses collègues, le mérite d'avoir su entrer dans les vues de celui qui l'a choisi ; mais c'est à celui-ci qu'en est due toute la gloire ; oui, toute la gloire. En vain des écrivains prévenus ou intéressés veulent ternir cette gloire immortelle, elle sera dans la postérité le plus beau titre de notre Roi, et il sera admiré surtout pour s'être montré, en l'imitant, le digne fils d'Henri IV.

Certes, nous avons le droit de le supposer ; la conduite de S. M. a été le fruit de sa conviction personnelle ; ses hautes lumières, sa capacité, son application aux sciences politiques, nous donnent bien des titres pour affirmer que la Charte est l'œuvre de sa persuasion intime, de ce qu'il croit être le vrai en politique. Mais en admettant même qu'il n'eût pas cette conviction, en voulant suivre les traces de son auguste aïeul, il ne se serait pas autrement conduit.

Parvenu à la couronne, au milieu des orages d'une guerre civile, qui, sous les bannières des communions religieuses, avait partagé le royaume en deux partis, Henri-le-Grand se réunit à l'opinion de la majorité de ses sujets. Il est permis de croire que ce n'est pas à l'âge qu'il avait alors qu'on change de religion par conviction, surtout lorsque l'on en change pour la troisième fois, et que l'on a consacré quarante ans de sa vie à celle que l'on abandonne. Il se fit catholique; c'était le libéralisme de ce tems-là. Ceux qui ont voulu comparer la ligue aux tems modernes, ont prétendu que les ligueurs d'alors étaient les royalistes d'à présent, et que les protestans correspondaient au parti libéral. Ce n'est point une erreur; c'est une fausseté. Dans leurs principes sur l'autorité des rois, sur la légitimité, les ligueurs allaient beaucoup plus loin que les libéraux les plus prononcés. Il serait plus exact de comparer le parti ligueur au parti qui fait aujourd'hui la majorité; les protestans, aux émigrés fidèles au roi, et le parti des catholiques qui suivirent Henri III, et ensuite le roi de Navarre, à ces royalistes honteux, qui, courageux après l'orage, sont venus présenter au Roi le secours de leurs bras, meurtris encore des chaînes de la domesticité impériale. Ce fut dans ce tiers-parti que Biron trouva des complices; les ligueurs et les chefs des protestans rejetèrent, avec indignation, ses propositions.

La conduite d'Henri IV exposa ce bon roi à de violens reproches. Nous lisons encore les plaintes des d'Aubigné, des Rohan, etc., sur son ingratitude. Ils ne pouvaient ou ne voulaient point s'élever jusqu'à la hauteur des conceptions politiques du monarque. Ils ne voyaient jamais en lui que leur ancien général, et ne songeaient pas que ce n'était pas au roi de France à payer les dettes du roi de Navarre.

En Angleterre, Charles II, son digne petit-fils, suivit la même conduite. Il eut tort d'en plaisanter ; de dire que la formule *amnistie* et *oubli* signifiait : amnistie pour ceux qui l'avaient combattu, et oubli pour ceux qui l'avaient servi. Mais il avait raison d'agir d'après ce principe. Un roi doit, avant tout, être roi ; c'est-à-dire, une personne morale, organe et représentant de la nation, et dont la volonté doit être la même que celle de ses sujets. C'est ce que leur conseille la prudence ; c'est aussi ce que leur suggère l'humanité. Les rois doivent aimer leur peuple ; or, la seule manière qu'ils puissent avoir de porter leur affection sur ce corps immense, c'est de s'unir à lui de sentimens et d'inclinations.

Il est certes déplorable que les chances de la révolution aient placé un grand nombre de Français dans une situation pire que celle des protestans sous Henri IV, des catholiques anglais sous Charles II. Il est naturel qu'ils aient des regrets ; mais ils doivent se soumettre à la

nécessité, et « la justice des rois chemine un peu
» autrement que celle des particuliers ; elle a ses
» allures plus larges et plus libres à cause de la
» grande, pesante et dangereuse charge qu'ils
» portent et qu'ils conduisent » (1). Encore entre
les émigrés y a-t-il des distinctions importantes
à établir.

Il y en a un grand nombre qui n'ont quitté
la France qu'entraînés par des circonstances
indépendantes de leur volonté. Des jeunes gens
qui ont suivi leurs parens, des propriétaires
chassés par l'effervescence populaire ; des généraux, des fonctionnaires proscrits. C'étaient
des voyageurs ; à leur retour dans leur patrie,
ils l'ont acceptée comme ils l'ont trouvée, et
ont recommencé leur carrière de citoyens. Ceux-
là ne réclament rien, et nous comptons avec
orgueil dans nos rangs plusieurs de ces respec-
tables Français parvenus aux premières places,
à l'armée, dans l'administration et dans les tri-
bunaux.

Parmi les autres, quelques-uns sont restés fidèles jusqu'à l'extrémité au culte qu'ils avaient
embrassé : ils ont persisté dans le dévouement de
leur vie au sang de leurs souverains : quelles que
soient les indemnités que pourront leur accorder

---

(1) Charon. Sagesse. Liv. III, chap. 2.

la reconnaissance du prince ou la générosité du peuple, elles n'exciteront point de réclamations : jamais la récompense de la loyauté ne paraîtra de la prodigalité à la nation française.

Mais quant à ces émigrés qui, après avoir combattu, à ce qu'ils prétendaient, pour la famille des Bourbons, sont venus prendre les fers de l'usurpateur qui l'avait proscrite et l'ont aidé à la poursuivre dans d'autres contrées ; ceux qui, après avoir fait la guerre aux Français, sont venus ramper aux pieds d'un Corse ; ceux qui, dès qu'ils ont entendu retentir le bruit des chaînes qu'ils nous imposait, sont venus en toute hâte lui aider à les river, ont été ses chambellans, ses députés, ses préfets, ses magistrats, et ont tâché de nous donner des leçons de la servitude que nous avions désapprise ; ceux-là, je ne sais ce que leur doivent ni la France, redevenue libre comme quand ils la combattaient, ni le monarque qu'ils ont abandonné. Certes, je dois en convenir, ils ont vu avec plaisir son retour ; mais c'est dans l'espoir qu'il leur serait utile. Leur avantage est tout ce qu'ils demandent ; ils voudraient que le Roi sacrifiât pour eux tous ses trésors, et font ce qu'ils peuvent pour lui ravir, en associant leur cause perdue à ses droits immortels, le premier de ses trésors, l'affection de son peuple. Ils la flattent à présent cette puissance royale que leurs ancêtres ont combattue; mais c'est dans l'espoir d'en usurper l'exercice. D'ailleurs qu'ont-ils à réclamer? vous le savez, Monsieur, ils ont signé un serment qui est au moins une renonciation, si on ne veut pas lui donner une qualification plus sévère, et vous savez que c'est un axiome de droit que *volenti non fit injuria*.

Et ce ne sont pas seulement les exemples d'Henri IV qu'à suivis notre magnanime monarque. Ce sont ceux de tous ses prédécesseurs. N'ont-ils pas travaillé sans relâche, depuis Hugues Capet, à établir l'égalité, à délivrer les peuples, dont le bonheur leur était confié, de l'asservissement dans lequel les tenait une aristocratie dévorante? N'ont-ils pas, comme l'ont dit quelques nobles plus francs que les autres, conspiré pendant huit-cents ans en faveur du peuple, contre ces hommes utiles à la guerre; mais turbulens pendant la paix, et qui, comme l'a si bien dit Machiavel, sont les ennemis les plus redoutables et les plus acharnés que puisse avoir toute forme raisonnable de gouvernement? Et ce n'est pas à nos rois seuls qu'en est due la gloire. Ils méritent, il est vrai, notre reconnaissance pour les bonnes intentions qu'ils ont montrées pour leurs sujets; mais ils ont obéi à cette force supérieure qui ramène à l'égalité toutes les sociétés, et qui ne concentre toute l'inégalité sur une seule tête que pour établir, d'une manière plus avantageuse, le niveau sur toutes les autres. Toutes les sociétés ont commencé par des maîtres et des esclaves ; puis, sont venus des propriétaires et des serfs ; puis des nobles et des roturiers ; puis des magistrats et des citoyens. Vous avez beau faire, vous, Monsieur, et tous les autres, il faut y venir, vos efforts mêmes tournent au profit de l'égalité. Les nobles de l'ancienne France combattaient les priviléges des ducs ; les ducs attaquaient ceux des princes légitimés ; dans l'émigration, ceux qui avaient quitté la France parce qu'ils étaient *aristocrates*, étaient conduits, dans leurs relations entre eux, par les principes de la *démocratie*, et la guerre que soutint si généreusement la Vendée pour le maintien des priviléges, a contribué, plus que toute autre chose, à graver profondément l'idée de l'égalité dans le noble cœur des roturiers qui se dévouaient comme les autres pour l'autel et pour le trône.

Il ne s'agit donc que d'un fait. La France veut-elle le gouvernement libéral que la sagesse du monarque a établi, qu'il a consacré par la charte ? en un mot, la majorité de la France est-elle libérale ? Je ne crois pas qu'il y ait du doute, bien entendu que l'on fera abstraction de ces petites nuances qui prennent du corps dans un parti puissant, et qui disparaissent au moment du danger. Vous l'avez vu dans la session dernière : ces Députés du centre, ces pairs, ces doctrinaires si maltraités par les feuilles libérales, ont paru les premiers à la brèche pour défendre la liberté publique dans la discussion contre les lois d'exception, dans celle sur la loi des élections ; et dans les départemens, cette division du parti libéral n'est pas même connue. Les ministériels y étaient des libéraux, ils le seront encore si le ministère actuel à la sagesse de suivre la marche qui a fait prospérer la France si rapidement pendant les cinq dernières années.

Les élections que l'on va faire décideront la question. Malgré tout ce que vous avez demandé, malgré tout ce que l'on vous a accordé, quoique le quart des électeurs nomme les deux cinquièmes des députés, et ait son droit sur les trois cinquièmes restans, de sorte que le vœu de l'électeur à 600 fr. n'est que les trois onzièmes de celui de l'électeur à 700, les principes de l'égalité n'en auront pas moins la majorité, et même parmi ceux qui, séduits par d'anciennes idées, paraissent marcher avec vous, s'il y en a qui soient élus députés, en arrivant à la Chambre, l'éclat de la vérité dessillera bientôt leurs yeux. Quoique vous fassiez, vous ne trouverez jamais une classe répandue dans toute la nation où vous soyez en majorité. Choisissez ; ne prenez que la fortune, ne prenez que la propriété, ne prenez que la naissance, ne prenez que les lumières, vous avez beau être, dans le Conservateur, les plus riches, les plus illustres et les plus habiles, vous serez toujours en minorité dans la nation. Jugez—en par la Chambre même où vous avez l'honneur de siéger, et dites-moi de quel côté sont les grands noms, les grands biens, et les grands talenss.

Ainsi le Rói et le peuple sont d'accord. Cessez donc une lutte inutile ; employez vos forces pour le bien public, au lieu de chercher à abattre ce que vous ne pouvez ébranler. Dans la situation actuelle de la France, dans les vœux particuliers du Roi, attenter aux principes de liberté que ce monarque a consacrés, c'est attenter non—seulement à la raison publique, ce motif ne vous toucherait guère, mais à l'autorité du monarque.

Je discuterai avec vous, Monsieur, dans une prochaïne lettre les principes de la responsabilité ministérielle ; en attendant

Je suis, etc.

Imprimerie de DONDEY-DUPRÉ , rue St.-Louis , N°. 46.

www.ingramcontent.com/pod-product-compliance
Lightning Source LLC
Chambersburg PA
CBHW061125050726
47594CB00005B/2095